Género **No ficción**

I0902691

Pregunta esencial

¿Cómo se construyen las cosas?

¿QUÉ ES UNA YURTA?

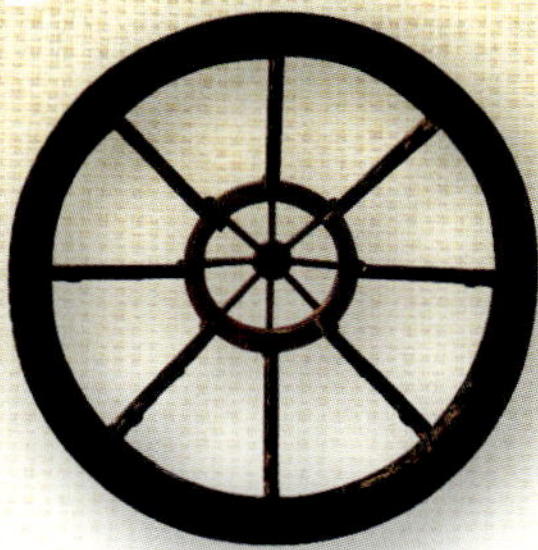

Lily Ryan

CAPÍTULO 1

¿Quiénes viven en una yurta?

¿Alguna vez acampaste? A mucha gente le gusta acampar en vacaciones. Es una buena forma de pasar tiempo en familia. También se hace ejercicio y se está al aire libre.

¿Qué hacen los campistas? Primero arman la carpa. Luego, van a pescar o a caminar.

A veces, tuestan malvaviscos en una fogata. Después, duermen bajo las estrellas.

Antes de partir, desarman la carpa y la guardan hasta el próximo viaje. Luego limpian, empacan y vuelven a casa.

Acampar es una manera de salir de la rutina.

Una yurta es mucho más resistente que una carpa. En la antigüedad, las yurtas se hacían con palos de madera. Los palos se tapaban con pieles de animales o con otros tejidos.

Algunos pueblos nómadas viven en yurtas. Los nómadas son personas que se mudan con frecuencia en busca de comida. Saben armar y desarmar yurtas con rapidez. Llevan su yurta a todas partes. Cuando llegan a su **destino,** vuelven a armarla.

Este camello carga una yurta desarmada.

Las cubiertas de la yurta son de lana de oveja.

Para hacer frente al frío, colocan capas de cubiertas de lana sobre la yurta. Van quitándolas a medida que aumenta el calor. Cuando llega el verano, las quitan todas. Es parecido a lo que haces tú: cuando hace calor, abres las puertas y las ventanas para ventilar la casa.

Detective del lenguaje ¿Para qué se usan los dos puntos en esta página?

Los nómadas son cazadores o recolectores. Cuando sus fuentes de alimento se agotan, se mudan a otro sitio. También se mudan cuando sus animales se quedan sin pasto.

CAPÍTULO 2

¿Cómo se arma una yurta?

Primero, se busca un terreno plano. Algunos hacen una **plataforma**. Es una especie de piso que evita la humedad en el interior de la yurta. La yurta se arma sobre esa plataforma.

Después, se construye un armazón circular de madera. Debe cerrar perfectamente. Una vez listo el armazón, se apoya el techo encima.

Luego, se tapan con lonas todas las secciones del armazón, una a una. Hay que sujetar las lonas a los costados.

Para armar una yurta grande se necesitan varias personas.

Esta familia está armando su yurta.

Por último, se tapa el techo con lonas. A veces, se deja un agujero para que entre la luz del día. De noche, se puede ver el cielo desde dentro.

Armar una yurta puede ser obra de varias personas.

CAPÍTULO 3

¿Dónde hay yurtas?

En Asia, la yurta se usa como **refugio**. Es calentita en invierno y fresca en verano. No es costosa y se desarma fácilmente. La trasladan sobre el lomo de animales. Es importante lograr que esté en equilibrio para evitar que se caiga.

Detective del lenguaje ¿Qué adjetivos calificativos identificas en esta página?

Este es un pueblo de yurtas en Asia.

Algunas familias pasan sus vacaciones en yurtas. También hay familias que viven en yurtas todo el año.

Algunas yurtas tienen un armazón de **acero,** un material más resistente y liviano que la madera. También se venden kits de yurtas para armar. No son costosos. ¡Puede ser muy divertido armar una yurta!

¿Te gustaría armar tu propia yurta?

Las yurtas se usan en todo el mundo con distintos fines:

- **carpas para acampar**
- **cabañas de esquí**
- **oficinas**
- **escuelas**

Respuesta a la lectura

Volver a contar

Vuelve a contar *¿Qué es una yurta?* con tus propias palabras.

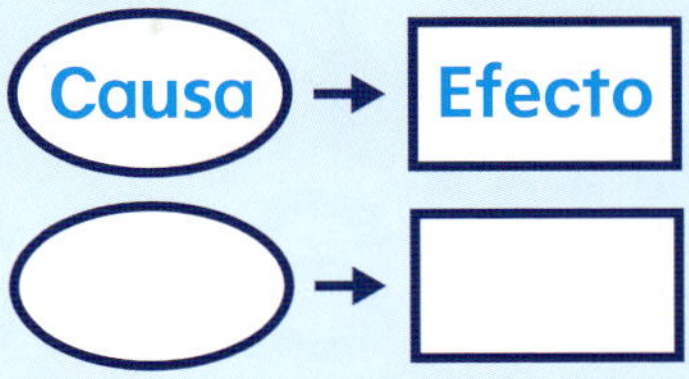

Evidencia en el texto

1. ¿Por qué se agregan capas de cubiertas de lana a las yurtas? ¿Por qué se quitan? Causa y efecto
2. ¿Por qué los armazones de algunas yurtas son de acero y no de madera? Causa y efecto
3. ¿Cómo sabes que *¿Qué es una yurta?* es un texto de no ficción? Género

Género No ficción

Compara los textos
Lee sobre otras casas interesantes.

Casas en los árboles

Esta es la casa en un árbol más grande del mundo. ¡Toda una obra maestra!

Hay escaleras y también barandillas que dan seguridad.

Mira bien este árbol. ¿Qué ves? ¡Una casa! ¿Sabías que hay gente que vive en casas hechas en los árboles?

Para ellos, la casa del árbol es un fuerte.

Otra gente tiene una casa en un árbol solo para divertirse. Puedes jugar con tus amigos, como si fuera un club o un fuerte. También es un buen lugar para pasar tiempo a solas. Allí puedes leer o hacer la tarea.

¿Qué harías si tuvieras tu propia casa en un árbol?

Haz conexiones

¿En qué se parecen las yurtas y las casas en los árboles? ¿En qué se diferencian? **El texto y otros textos**

Glosario

acero metal fuerte y duro, compuesto principalmente de hierro ***(página 10)***

destino lugar al que alguien se dirige ***(página 4)***

plataforma estructura elevada ***(página 6)***

refugio sitio donde la gente acude en busca de protección ***(página 9)***

Índice

Enfoque: Ciencias

Propósito Aprender acerca de los campamentos

Paso a paso

Paso 1 Planea un campamento con un compañero.

Paso 2 Haz una lista de cinco cosas que es importante llevar.

Paso 3 Haz un dibujo de tu campamento. Escribe una descripción sobre cómo usarías las cinco cosas de tu lista.

Conclusión Muestra tu dibujo y tu descripción a la clase.